JN441330

# 미생물이 뾰로통 삐지네

# 미생물이 뾰로통 삐지네

유대식 시집

그루

## 시인의 말

빛이 따스합니다

팔십에 시작詩作을 시작始作하니
노욕이라고 웃을지라도
하고픔을 어찌 참으리오

사실의 세계에서
몽상의 세계로

얼마 남지 않은 여생
한 자字 한 행行을 그려

여기 씨앗이 움을 틔우려 합니다
험한 세파에 잘 익어 가도록
따뜻한 손으로 잡아주세요

2025년 봄
유유당兪兪堂에서 교산敎山 유대식兪大植

 차례

# 제1부 그녀 어리광

# 바보 인간

저 코로나19는 왜 저리 날뛰느뇨?

멍하니 쳐다보며 울상 짓는

바보 인간들 불쌍하구나

그 많은 현자들 다 어디 가고

벌벌 떠는 군상들 말이 없네

이리 뛰고 저리 뛰는 무지한 몽매여

몸은 영원한 숙주宿主려니

바이러스가 오히려 인간들 꾸짖고 있구나

# 섭섭

뽀송뽀송 노란 꽃 머리 이고
고두밥 손잡고 술 빚으려 가는
누룩곰팡이
이보다 더 아리따운 뒤태 있으리오

술 익는 향기 못 기다려
독 뚜껑 열고 코로 맡으며
인간들 불쾌한 얼굴 환해지네

얼씨구 좋구나, 절씨구 좋구나
어깨춤 절로 절로 흥에 겨워

발아래 한세상
무엇이 부러우리

저들끼리 마시고 대취해
노랫소리 밤하늘 찔러대면서
고맙다, 말 한마디 없네

아서라, 누룩아
섭섭해도 어쩌리

사랑이 익고 인생이 익어
한세상 미쳐 돌아가는 건
오직, 그대의 공이라네

# 그녀 어리광

눈에 보이지 않는다고
무시하지 마라

미생물과 반평생
티격태격 다투었네

알면 알수록 사랑스러워
그녀에게 헤어날 수가 없지

잠시만 자리 비워도
어디 가느냐고 뾰로통 삐지네

꽃처럼 피어나는 미소
예쁜 그녀 어리광에 손을 잡네

함께한 반백 년
그녀도 이제 허리 굽었네

그녀와 나 다정히 늙어 가는 모습
함박꽃처럼 환하네

# 이쁜 짓

징글맞다는 그녀이지만
눈 여겨 살펴보면 작은 꽃이더라

뿌리 있고 줄기 있고 꽃대 위에
곱게 피어난 푸른 꽃송이

미소 띤 그녀 마음씨 곱기도 하지
어느 미인이 이보다 청순할까

예쁠 뿐 아니라 부지런도 해
페니실린 만들어

죽어간 처칠 살리고
만백성 소생시킨 그녀

항생 물질 발견한 플레밍은 노벨상
나에겐 그 상은 언제 주려나

가녀린 손으로 오늘도 묵묵히 꽃 피우니
어찌, 장하다 아니할쏘냐

아! 푸른곰팡이

# 거미

허공에 매달린 거미를 보네

아픈 몸 힘들어도 어찌할 수 없구려

창밖 가지 끝 가을바람 외로운데

두 신세 꼬락서니 북풍 같구려

숨쉬기도 힘든데 주사만 찔러대고

투명 마스크 끼워 놓고 눈길도 주지 않네

버티기만 하라니

내 고통 누가 알기나 할는지

오늘도 묵묵히 기도하네

젊은이 그냥 두고 늙은 몸 데려가시오

영원한 나의 고향으로

행복한 저 하늘 천국으로

비나이다 비나이다

코로나19에게……,

# 기막힌 삶

허울은 좋은데 퍼석한 녀석들

수컷도 암컷도 아닌 것이
끌어안고 뒹굴며 사랑하는

희한하게 살아가는 중성中性 세균들

인간들 못된 심술로 약물 뿌려
암컷 수컷으로 성전환시켜

그것도 모자라 성호르몬 처리로

강제 결혼시켜 고통 속에서
유전자를 받아먹게 하네

세균 나라도 도덕 윤리
인권이 있다는 것을 알고나 하는 짓인지

제멋대로 살아가는 무지한 인간들

세균 녀석 작지만 온전한 인격체
덩치 큰 인간 보고 피식 웃네

# 평화주의자

우린 평화주의자

침입자만 퇴치하지

후방 놈들은 해코지 않는다

독소 만들어 화학전으로

나쁜 놈 단방에 물리치는

곰팡이 우습게 보지 마라

긴 다리 성큼성큼 잘도 뛰어넘는다

그러나 인간 세상 한번 봐라

저 맑은 어린애들까지

마구잡이로 살상하는 잔혹상

제발 쌈박질 거두시라

서로가 서로에게 어깨동무하고

평화롭게 살아가라

곰팡이보다 못한 놈들!

# 행복 전도사

햇콩 찌고 빻고 버무려
억센 할매 손마디로 양 볼 맞고
할배 거친 발로 디디고 밟힌 상처

둥글게 둥글게 뭉쳐
새끼줄에 목 매달렸다

생긴 건 이래도
곰팡이 더디게 더디게 띄워

노란 꽃 파란 꽃 연분홍 꽃
아지랑이 향기 피어나는 뒷산 달빛

소금 누이랑 의좋게 콧노래 부르며 익어가
혀끝을 희롱하는 된장 간장으로 몸 바꿔
이 집 저 집 기쁨 전하는 행복 전도사

오래오래 묵고 삭혀

짠맛 진한 향기 뿜어내면
동내 아낙 야단법석

오늘도 서늘한 그늘에서
아무도 눈길 주지 않아도
콧노래 부르며 즐겁게 살아가는 메주

# 그 아가씨

곱디고운 그 아가씨
찬물을 뒤집어쓰고

그늘진 곳에서
며칠 푹 자고 깨어나

얼굴에 온통 흰 꽃 노란 꽃 분홍 꽃
가지가지 곱게 꽃 피었네

부드럽고 멋진 남자 손결로
고두밥에 살포시 내려앉아

보름달 같은 항아리 속에서
살포시 잠든 그 아가씨

해롱해롱 두벌잠 깨어나면
천지간 술 향기 퍼져 가네

밤마다 인간들 취하게 하여
어절씨구, 좋을씨고 춤추게 하네

오호, 누룩
네가 하는 일, 정녕 대단하구나!

## 환생

이 녀석 너무 작아 잘 볼 수 없지만

자세히 보면 볼수록 귀엽고 신기하지

아기 적엔 예쁘게 봐달라고 아양도 떨고

윙크하며 어리광도 부리지

무럭무럭 자라 성인이 되면

혈기 왕성해 팔뚝 자랑도 하지

어느 날 노인이 되면

순식간에 두 개로 쪼개어져

어린애로 둔갑하지

모든 생물 늙으면 노화되어

자연사하는 게 이치

이놈만은 늙어서 노화되기 전

두 개의 새 몸으로 부활하여

포동포동 웃음 짓고 재롱부리지

아! 신이시여

나에게도 세균 환생 내려 주소서

# 삼십 분 인생

우린 암컷 수컷 없이 모두 한형제지
일란성 쌍둥이로 즐겁게 행복하게 살지

혼자서 아들딸 낳아 키우고
손자 귀여움도 즐기며 지내지

무더운 여름 햇빛만 피하면
바람 불고 비바람 쳐도 그늘에서 유유자적하며
한평생 삼십 분 살다 가는 세균

모두 한가족이니 싸움도 전쟁도 없이
시기 질투 없어 평화만 있을 뿐

쥐꼬리만큼, 먹고 마시는 것 걱정 없어
없으면 없는 대로 휴면으로 견디고
모두 만족하면서 풍요롭게 살아가지

무량억겁無量億劫 살고 지고

인생길 꽃길 같아

평화로운 이 세상

손에 손잡고 웃으며 살자꾸나!

# 코로나19의 간청

백신 총 마구 쏘아대지만
우린 요리 피하고 조리 피해 살아남아
총질을 멈출 때까지 달리지

인간은 서서히 겁에 질리는 모양
팬데믹 외치며 난리법석

우린 태초부터 누굴 괴롭히지 않아
평화주의자니까

작다고 깔보지 마라
총질은 힘만 빠질 뿐
결코 인간만 죽는다는 것을 알아야지

수억 년 사이좋게 잘 살아온, 나를
시험관 강제 수용소에 처박아
이리 때리고 저리 때려 겁박하면서
강제 출산시켜 무엇 하려고

이 인간 놈들아

옛날처럼 제발 의좋게 살자꾸나!

# 제2부 시

# 요상한 세상

옛날엔 칠십에 고려장이라 하였네

세상이 요상해 정신 줄 꽉 잡고 있으니

팔십에 웬, 신인新人이라네!

늘그막에 배우고 싶은 꿈을 좇았네

《문장21》 신인상 수상 소식 들으니

시 한 수 절로 나오네

아, 황천길 노잣돈 시행으로 닦아놓았으니

이보다 더 환한 봄날 꽃길이 있으리오

# 시

산허리 저 구름도 시詩요

새소리 솔향도 시네

깊고 깊은 산골 시냇가에

늙은이 물소리 좋아 시를 읊네

상상력의 붓을 들고

없는 재주로 첫 행을 쓰네

여든에 시작詩作을 시작始作하니

세상은 노욕이라 비웃을지라도

이리 한 줄 저리 한 줄

내 하고픔을 어찌 막으리오

저 들녘에 핀 제비꽃아

봄 아지랑이 창문 열고 나를 반겨주게나

# 할미꽃

오늘따라
주름진 그 얼굴
아련해
몹시 보고 싶구려

무덤에 핀 꽃
힘없는 목
이내 떨군다

무엇이 그리 무거운지
한평생 고생 고생
굽은 허리
힘에 부친다

흘러가는 구름
지나는 바람에
이 눈물 실어 보내니

조모님,
근심 걱정
내려놓으시고

부디,
극락왕생하시어
편히, 쉬시오 편히 쉬시오

# ㄱ자 인생

꺾어지고 굽어지니

안 보이던 제비꽃 보이고

할배 지팡이 굽은 할매 허리

걸어가는 쌍기역이 되고

ㄱ자 서로 손잡으니

늙은 입구자口字 닮아

손자 손녀 품어 주고

꺾어지고 굽어지니

뒷산 무덤에 걸린

하얀 낮달이 다 보이고

그렇게 ㄱ자 넷 모여

만卍자 이루니

저승 갈 때 서로서로

위로하며 건너라는

부처님 말씀이지

# 늙은이 놀이

열정이 하늘을 찌르네

칠십에 다리 관절염
팔십에 허리 디스크
온전한 구석이 하나도 없지만

머리만 초롱초롱해

경로당에 모여든
할매 할배 함박웃음꽃
창틀을 넘고

철 지난 트로트 장단에 춤을 추네

기억 나은 글 읽는
쉰 소리 방 안을 채우고
색칠하는 화선지

가을 단풍 붉게 물들이네

한세상 지는 해거름에
노구老軀 하나 끌고
외로운 구름 화폭에
점 하나 찍으니 명화가 되고

천하가 영감 할망구 손아귀 속이로다

참 세월 좋다
어화!
춤추고 즐기며 살아가세

# 인생길

하품 일곱 번 허리가 아프고

여덟 번에 다리 절뚝절뚝

오르기는 그래도 내리기는 무섭다

십리 길 단숨에 달려 붉은 단풍 즐겼는데

해 뜨자 저만치 노을 또 붉어진다

젊은 아내 벚꽃보다 더 화사했는데

인생 파노라마 짧기도 하다

방 안에서 세상을 호통 쳐도 듣는 사람 없다

손가락은 미동하니, 시 한 수나 지어볼까

세상만사 한 장면 이마저도 힘에 부친다

# 홀로 먼 산 바라보네

간호사 억센 손으로 엉덩이 한 번 얻어맞고

숨이 돌고 기운 소생하니, 볼그스레한 앵두꽃 피네

아장아장 뒤뚱뒤뚱 광대놀이 이보다 즐거우리

새신랑 새색시 황홀한 첫날밤도

아득하고 아득한 메아리가 되었네

그 많던 친구들 어디 가고 홀로 먼 산 바라보네

찌그리고 주름진 노안老顔으로 되돌아와

웃어도 힘이 없어, 소리도 늙는구려

그리운 추억은 산처럼 깊어 가는데

서산에 붉은 해 떨어지는 구경 심상치 않네

# 에라

훤한 이마 착하게 생긴 할배가 중얼거린다

나는 지옥 가고 싶어

지옥에 가면 정말 재미있을 거야

소매치기 난봉꾼 강간범 도둑놈 살인자

사기 친 수법 자랑도 가지가지일 거야

여자 꼬시는 수법 자랑하는 놈

도둑질 잘하는 방법 들으면 설렐 거야

저마다 거품 물고 비법 자랑에

삼삼오오 맨날 허풍이 하늘 찌를 거야

듣는 이 얼마나 즐겁고 즐거우리

밤을 지새우는 황홀한 지옥일 거야

그런데 어쩌지, 지옥 가려면 악착같이 죄罪지어야 하는 데……

차마 나는 그런 용기가 없다

이것도 안 되고 저것도 할 수 없으니

에라, 모르겠다 연옥이나 가야지!

# 무념

산사 큰스님 좌정하시고
불자들 뒤따라 고요하네

바람도 숨소리 거두고
눈 감고 좌선하네

허공도 법문
근심 걱정 번뇌 망상

빈손으로 왔으니
다 내려놓으라 하시네

공空이 왜 공인가 깎고 깎여
둥근 것이 되었다네

지구를 보라 하시네
둥근 과일 보라 하시네

무량억겁 세월 돌아

시작도 끝도 없는 것이 원圓이라네

# 인생

무덤에 핀 허리 굽은 할미꽃에게 물었다

인생이 뭐냐고?

“이 바보야” 비웃으며 손사래 친다

산이 막으면 돌아가고

물이 있으면 건너가고

바보처럼 히죽히죽 웃으며 살아란다

사람 속에 부대끼며

먼산바라기로 사는 게 행복이란다

풀 수 없는 인생 해답 찾으려고

복개종 쥐어 잡고 흔들어 봐도

아무 소용없단다

어우렁더우렁 살다가 가는 게

잘 사는 인생이라 하신다

# 저승

익으니 떨어져 겨울잠 자는구나

지구가 돌아
태양은 절로 뜨고 지지만

한 번 가면 오지 않는 그곳
그림자도 비치지 않네

꿈속 헤매는 게 삶이라는데……

꽃향기 피어올라
석양 노을 아름답네

갈 수는 있지만
올 수 없는 적막한 곳

돌아온 이 없으니
마음 머무는 곳 천국이겠네

가야지, 가야지 하지만
결코 가고 싶지 않은 곳

내 영원한 태고의 고향

## 나비

아뿔싸!
중노인 얼굴이 사색이다

점심 약속 까맣게 잊어먹고 들판을 헤매다
나비를 만났다

너 모임에 안 가고 뭘 하니?
무엇을?

점심 약속 있다고 했잖아
언제?
오늘 아침에 자랑해 놓고

아! 그래그래 나비야
청산 간다 나비야

친구들 지금쯤 웃음꽃이 피겠지
고민 고민, 어쩌나 어쩌나……

되뇌고 되뇌다 머리가 멍하다
아! 건망증 나비가 날아간다

# 제3부 넌 누구냐

# 불로 막걸리

신숭겸 장군 기백 앞에
불로不老 막걸리 한 사발 따르너

무태無怠 너른 들 익은 곡식
팔공산 옥수로 담근 기막힌 너

할매 거친 손마디로 딛고 디딘 누룩
할배 굽은 허리로 빚고 빚은 약술

노을도 한잔 까치도 한잔
두둥실 어깨춤 추며 지화자 놀아보세

어화 어화 좋을씨고
불콰하니 어절씨구

불로장생不老長生 태평성세太平聖歲
누려보세, 누려나 보세

# 넌 누구냐

할머니 손끝에서 빚어져
어머니 품속에 익어간 그 여인

제사상에 올려져
천년을 산 억센 촌부村婦

왁자지껄 웃으며 사발에 가득 부어
벌꺽벌꺽 소리 내어 넘어가는 소리

네놈이 누구더냐
천지간 분간도 못하는

넘어지고 일어서고
한세상 걸판지게 놀다 가는

논두렁 밭두렁 공사판
시장 노전에서

박정희가 마시고 고속도로에 고수레한
자전거 탄 노무현도 단숨에 들이켠

아낙이 마시고 쪽발이도 마시고
코쟁이도 마시고 되놈도 마시고

덩실덩실 신명 들어
어깨동무 춤추게 한 그녀

막걸리,
넌 도대체 누구냐?

# 하늘 주막

막걸리가 좋아서 한평생 노래하고 춤추었지

일천구백구십삼년 사월 스무여드레

하늘나라로 가신 심온深溫 선생

그렇게 좋아하신 막걸리 여기 있습니다

취하지 않을 만큼

죄를 짓지 않을 만큼 드시지요

오르신 귀천歸天은 평안하신지

아무리 불러도 대답이 없으십니다

하늘 주막이 좋으신 게지요?

술 마신다 잔소리하는 마누라도 안 계시고

술값도 필요 없는 천국에 사시니

불콰한 저녁노을 바라보며, 이 양반

벌꺽벌꺽 막걸리 드시고 대취하셨나 보네

# 돈키호테

술 담배 못하면서
술 연구에 평생을 바친 돈키호테

오늘도 말 타고 설친다
술 못하는 녀석이 술 이야기하고 다닌다고 핀잔이다

많이 웃기는 일 같다
연구는 연구, 마시는 것은 다른 문제

여산廬山을 벗어나야 여산 진면목을 알 듯
술독을 벗어나야 술맛을 아는 법

술맛을 보는 것은
엄정한 평가 내리는 고된 작업

천천히 아주 천천히 음미해야 한다
청각 시각 후각 미각뿐 아니라

술 향기 물성物性까지
혀뿌리에 깊이 닿아야 한다

# 누룩

허리 굽은 할머니 버선발로
디디고 디뎌 빚은 못난이
윗목 차지해 한잠 푹 자고 나면

하얀 안개꽃
개나리 달맞이 개망초 할미꽃

노란색 분홍색 붉디붉은 색
오색 꽃 잔치 열렸네

색色뿐이런가 향기는
무아지경 꽃동산

바깥채 곰팡이 안채 효모酵母
나누어 함께 두 방 전세 살면서

온갖 음식 만들어 나누어 주면
손사래 치면서 공짜로 받아먹으며

웃음꽃 가득한 낙원인 곳

그 둘은 청실홍실 사이도 좋다
둘이서 손잡고 누룩 술도가 차려
고두밥에 자글자글 소리 나네

천하의 명주 한 사발 비쳐오니
어화 어화 좋을씨고!
어깨춤이 절로 절로
지나온 고행길 다 잊으소서!

# 막걸리 찬가

취한들 누가 알리
안 취한들 누가 알리

막걸리 그 한 잔
들이켠들 누가 알리

이 가을 단풍은 저리 붉어 고운데
그 술잔 또 마신들 누가 알리

구름도 벗고 노을도 벗고 나도 벗어
불콰해 취흥은 하늘을 찌르는데

휘청휘청 게걸음 걸은 들녘
엎어진들 누가 알리

어깨춤 곱사춤 덩실덩실 흥겨운
갈 지자 그림자 서산에 걸리는데

인생이 별거냐, 사랑이 별거냐
천하가 내 발아래 춤추는구나

# 삼강 주막

강바람 부드럽게 불어오는
내성천 뗏목꾼 고적한 풍경
넓은 마당 푸성귀 다듬는 아낙

낙동강 물길에 두물머리 강가
부엌 딸린 작은 주모 방
묵객 숙소 큰방이 좋더라

장원 급제 꿈에 부푼 문동文童 글 읽는 소리
턱수염 보부상 쌈짓돈 흘러든 그 옛날
떼돈이 몰려온다 흥겨운 술상

닻 내린 황포 돛단배 온데간데없고
흙먼지 휘날리는 강나루 빈 배뿐
선비 한양 바라보며 시름에 젖네

한낮 나들이객만 북적북적
왁자한 노랫소리 하늘에 닿고

# 막걸리 장단에 넘어가는 장구 소리

## 보름달

그녀가 권하길래 한잔 걸쳤습니다

가을 낙엽이 달빛에 흔들리길래

사랑의 세레나데 혼자 흥얼거립니다

고희가 엊그제 같은데, 그땐 몰랐습니다

허리 굽은 팔순 고갯길 넘어갑니다

몸에 좋다는 약술 막걸리 넘기며

권주가 한 곡 뽑아야 하지 않을까요

자꾸자꾸, 그녀가 권합니다

일어설 땐 언제나 갈 지之자

중년 땐 그녀 품에 안겨 구두를 베개 삼아

대문 앞에 잠들기도 했습니다

한평생 동고동락한 창가 웃는 그녀

언제 보아도 환한 수국이 피었습니다

첫사랑도 저렇게 밝았습니다

# 막걸리 정치

2012년 가을 대통령 선거가 있던 해
대구에서 '그네 막걸리' 잘도 팔렸다네

선관위가 선거에 영향을 미친다고
상표 출원한 그네 막걸리 판매를 중지했다네
궁금증이 발동해 인기가 오히려 폭발적이었지

그네 타는 여인 모습에서 박 그네 타는 여인으로
박근혜 막걸리로 변신해 간접 선거 운동했다네

참으로 코미디 같은 세상 즐거운 세상
고놈이 선거에 영향을 미친다고 야단법석이더니
박근혜 후보가 대통령에 당선되었다네
선관위는 누구 편인가 아리송 아리송

발 빠른 참새만 그네 막걸리에 취해
세상에 회자膾炙하였네
우둔한 민초 어찌 살라고 자기들만 즐기시는가

나도 맛보고 싶다오
이내 몸 팔십 고개 넘었는데 하염없이 기다릴 수도 없고

선관위 높은 분 빨리 판매하도록 해
맛이나 좀 보고 죽게 해 주오

# 메밀 막걸리

하얀 소금꽃 뿌린 듯 메밀꽃 피었네

여기저기 제멋대로 피었네

봉평은 척박하여 농사가 되지 않는다네

이효석은 달빛으로 꽃길 피웠다지

메밀꽃 빚고 빚은 약술 우리를 즐겁게 맞아주네

소설 속 동이처럼 가슴속 아릿하네

입가에 알싸하게 흘러든 봉평 메밀 막걸리

취한 몸뚱이 흔들리고 있다네

목구멍 너머로 술 향기 오래오래 남으라고

피곤한 길손 눈 녹듯 사르르 시름 잊게 하네

# 덕산 막걸리

세금천洗錦川 자갈밭 팔베개로 누웠네
달빛에 드리운 농다리 물소리

덕산의 백 년 묵은 막걸리
할배 정성에 취했네

왕겨 볏짚 둘러싸여
섬섬옥수로 열흘간 띄운 누룩

맑은 물 흰 고두밥
정화수 바친 정성으로 빚은 덕산 막걸리

아하!
그 고운 치마폭 물결 휘감고 흘러가네
서너 순배 들이키자, 세상만사 다 내 세상

# 이화주

묽은 죽 같은 술 너의 맛 궁금하구나
마실까 떠먹을까 망설이게 하는 너

연한 갈황색 우윳빛 광채
시큼하고 달짝지근 쓴맛이 한가득

부드럽고 부드러운 촉감
진한 누룩 향 넋을 잃게 하네

목구멍에 흘러넘치는 너의 오감五感
온몸을 녹아내리게 하네

정녕! 술이 술 같지 않은 막걸리
배꽃 필 무렵
빚은 이화주梨花酒

사월 보름 달빛 아래 취해
달무리 되어 너와 함께 노닐고 싶어라

# 제4부

# 어느 노부부의 사랑

# 부부

흰 구름 흘러가는
교산敎山 중턱에

매강원梅崗園*
꽃밭 하나 일궜네

이 산 저 산 넘나드는
매화꽃 향기 좋아

그대 날 올려다보고
내 그대 쳐다보고

백 년을 피고 지고
천 년을 살고 지고

* 梅崗 : 처 남태숙의 호

# 옛 추억

그땐 힘이 장사였지

미투리 신고 촐랑대며 쏘다닌다고
할매 고함 담장을 넘었지

그땐 참 보름달도 밝았지

가시내가 밤마실 나간다고
할배 쉰 소리 냇가를 넘었지

마당에 감 익는 가을 풍경

할매 소리 할배 소리
이젠 들을 수 없어

오늘따라 그 옛날 몹시 그립습니다

# 맹추 아이가

커피를 삼팔선으로 마주 앉아

서울 사돈 경상도 사돈
자식 신혼집을 둘러보고

나는, 소잡아도 개잡아 조심더

사돈, 무슨 말씀
소 잡고 개 잡다니요?

나는 마
소잡아도 개잡아 조키만 헌데

예!

그것도 못 알아들이니
아, 답답아 죽겠다
맹추 아이가!

# 달빛 사랑

달빛 비치는 산길
두 그림자 걷고 있습니다

하염없이 걷다가
한 그림자
큰 그림자 속으로 스며듭니다

완전히 사라진
한 그림자만이 우두커니 서 있습니다

한참 후에
작은 그림자가 나타나고

또, 걷다가 한 그림자 되고
또 또, 두 그림자 되고

달은 부끄러워 구름에 숨습니다
두 그림자 손잡고 걸어갑니다

## 행복하게 다정히 살아갑니다

# 고향 생각

흰쌀 곶감
순백의 모시

정情이 꽃 피는
삼백三白의 땅

상주시 외서면 봉강리
새마실 나의 안태본安胎本

논밭 과수원 길
뛰어놀던 곳

냇가 맑은 물에
고기 잡고 멱 감던 곳

부모님 모신 선산先山
산그늘 내려오면

노을 붉은 산등 너머
한없이 그리운 엄마 냄새

# 학교 가던 날

큰형아 작은형아
큰누나 작은누나 함께 놀던 넓은 마당
세상에서 제일 좋은 놀이터였네

형아 누나 모두 들어가고 혼자 남았지
큰 마당 느티나무 밑은 외로움이었네

참새 지렁이 메뚜기 나의 친구였네
제비꽃 개나리 민들레와 종일 놀았네

순이와 첫 손 잡고 입학하던 날
가슴에 리본 달고 새 옷 입었지
세상에서 제일 잘난 줄 알았네

엄마 손 밀치며 둘이서 쳐다보며 종알거렸지
온 동네 웃음바다가 되었네

두 줄 가지런한 꼬마 책상 앙증맞았네

만지고 닦으며 서고 앉고, 앉고 서다

부르는 내 이름에 내가 놀라
부끄러워 얼굴 붉혔네

집으로 돌아오는 발걸음 나비처럼 즐거웠네
내일도 학교 빨리 가야지 생각했네

# 사모곡

가뭄에 소낙비 소리
재갈재갈 몽돌 소리

뻐꾸기 노랫소리
꽃잎 기지개 펴는 소리

산사 풍경 소리
큰스님 불경 소리

눈 감고 귀 기울이는
산비둘기 구구구 소리

삽짝 여는 소리
문풍지 떠는 소리

여인의 치마 끄는 소리
이부자리 펴는 소리

그중에 제일은

엄마 젖 빨다 잠든 애기 숨소리

# 어느 노부부의 사랑

아이구! 허리야

넓디넓은 공간에서
햇살 재촉에 부스스 눈 뜬다

다른 방에서도
아이구! 이빨이야

거실에서 서로 눈이 마주쳤다

여보! 허리며 다리가 아파
나는 이빨 땜에
한잠도 못 잤어요

일어나면서 아픈 자랑은
서로 위로받기 위한 소리

주름진 노안老顔 번갈아 보며

그래도 살아야지 하는
표정을 지으며

즐겁게 아침 식사를
언제 몸이 아팠는지 까마득ㅎ 잊었다

이게 노부부의 사랑이란다

# 축하 방송

조용한 산골 농촌 마을에

애기 탄생 축하 방송

십 년 만에 듣는 갓난애 울음소리

온 동네 웃음꽃 잔치 열렸다

어린애 구경하려면 읍내 유치원 가야 하는데

꼬물꼬물 신기한 하품 보려면

버스 타고 가야 하는데

아들딸 구별 말고 하나만 낳으라고

방송 방송한 지 엊그제 같은데

이게 어찌 된 일인가

관람료 내고서라도 구경 가야지!

# 멈추게 하소서

아픔을 곱씹는데 날아든 급보
러시아가 우크라이나를 침공했다고

전쟁의 공포 죽음의 두려움 가슴을 억눌러
바짝 뼈만 남은 자코메티의 조각 앞에서

살아남아야지 질긴 생명력
새싹 돋아나게 해야지

겨우 한 발로 버티고 서서
인간의 존엄성 부르짖는 조각상

우리는 목도하리라
좌시하지 않으리니

탱크와 로켓포로 소아과 병동까지
포탄을 마구 쏘아대는 악행들

아우슈비츠 수용소를 또 만들려나
저 살인마, 푸틴이여!

울부짖는 선량한 어린애들
하느님께서 그냥 보시기만 하시렵니까

천벌을 내려주소서
하루속히 멈추게 하소서!

# 아름다운 것들

노을 바다가 아름다운 것은

붉은 섬이 불타기 때문이지

시들고 지는 꽃이 더 아름다운 것은

그 열매가 둥글기 때문이지

그대를 떠나보낸 내 마음 쓸쓸한 것은

다시 천국에서 만날 수 있다는

서러운 믿음 때문이지

어둠은 어둠을 켜고 늙어 갑니다

이 한 밤 오묘한 생의 진리 앞에서

죽음이 아름다운 까닭은,

새 생명으로 환생한다는

살아있음의 기쁨 때문이지

# 옹알이

작은 파장은 속삭임이다
아주 작은 파장은 들을 수 없다
봄 오는 소리는 가슴으로 듣는다

소리는 귀로 듣는다
속삭임은 귀를 간지럽힌다
숲속 지렁이 기는 소리 청진기로 듣게 되고

귀로 듣는 소리보다
가슴으로 듣는 소리가 더 좋고
느낌으로 아는 소리는 더욱더 좋고

밤 익어 가는 소리
석류 갈라지는 소리
밤중에 눈 내리는 소리

그중에 제일은
울 손자 옹알이 소리란다

# 제5부

# 반곡지

# 반곡지

봄볕 유혹에
산들바람 시 한 편 실었네

복사꽃 분홍 윙크
물안개 피어오른 미소

여기가 무릉도원
무아無我 속 세상

온갖 번뇌 다 내려놓고
정자 풍경에 취하네

아무것도 들리지 않아
두 눈 지그시 감으니

복사꽃 향기 살풋 앉고
차향茶香은 다디달아 꿈속 같네

*반곡지(盤谷池) : 경산시 남산면에 있는 아름다운 작은 저수지.

# 외사촌 간

꽃 피고 종달새 날갯짓하는
따스한 봄날

한 현자가 개나리 연못가 개미와 마주 앉아
차향에 취해 시 한 수 읊는다

동박새 동백꽃
동씨 가문 종반 간이네

개미 왈

이놈은 동물 저놈은 식물
외사촌 간이지요

아! 맞아 맞아

바보들의 환상곡
아지랑이 족보 타고 울려 퍼진다

# 현대판

봉이 김선달은 대동강 물 팔아 끼니 걱정 없이 살았다네

현대판 김선달 제주도 물 팔아 삼다수 재벌 되었다네

봉이는 지게 지고 물 한 동이 팔아 겨우 연명했지만

현대판 물장수 트럭으로 산더미 팔아 호의호식한다네

약삭빠른 놈들 물장수 치우고 공기 장수한다네

거들먹거리며 갈지자걸음으로 잘도 활보하네

공짜는 흙뿐이니 땅이나 부쳐 먹을 수밖에

풋나물 무쳐 먹고 하늘 한 번 쳐다보고

구름 보고 시 한 수, 노을 보고 시 한 수

요지경 세상 원망한들 뭣 하리!

# 욕망

밤하늘 가득한 저 별빛의 수만큼
앎과 모름 사이
그 아득한 지식의 경계여!

자연과학의 즐거움이란
대상이 명확하고 구체적이라
알기까지는 피눈물 흘리며 조바심으로 지새우지만

시詩는 모든 것을 공짜로 가져다 쓸 수 있으니
이보다 더 자유롭고 아름다운 일 있으랴

보름달을 보고 싶으면
흐르는 달무리 허공에 매달아 놓고

노을을 보고 싶으면
그 붉은 해 저 수평선 아래로 잠기게 하면 되지

과학과 예술의 욕망

너무 많아 존재의 깊이를 몰라
쓰고 지우고, 쓰고 버리고, 또다시 쓰네

날아가는 기러기에게 물어보리
까발리고 까발려도 끝이 없는 그 호기심
조물주는 왜 인간에게 주었는지를……

# 즐거운 사기

예술은 이해되지 않는 것

어느 추상 미술 전시회

작가에게 관객이 묻는다

화가께서는 무슨 생각으로 그리셨나요?

나는 태양인 것 같습니다만

예! 맞습니다

조금 후, 다른 관객이

나는 바다의 물결 같다고 하니

이번에도

예! 그렇습니다라고 말하는 작가

이것도 맞고, 저것도 맞다는 그 작가

참 줏대 없이 제멋대로군 생각하다가도

백남준 선생께서 한 말씀이 떠올랐지

예술은 사기詐欺다

*백남준 : 전위 예술가로서 비디오 아트 창시자

# 바보

별이 떨어질까
달이 떨어질까
해가 떨어질까

명동 거리를 걷다가도
싱크홀이 나타날까
자동차가 그냥 돌진하지 않을까

칼 든 남자가 해코지하지 않을까
가을 절벽 아래로
헛발 딛지 않을까

몹시 불안하다

떨어진 별이 도로 올라가지 않을까
떨어진 달이 깨지지 않을까
떨어진 해가 폭발하지 않을까

아파트가 무너지기 전
숨을 곳을 찾아야 하는데
피할 시간이 있어야 하는데

바보처럼 살아야 행복한데
히죽히죽 웃고 살아야 즐거운데
바보가 얼마나 큰사람인지 이제 알았네

# 신오적新五賊

아니야, 선택적이야
필요할 때만 사용해 먹는 도구이지

피해자의 인권은 어디메뇨
살인범의 인권만 짖어대는 자

권력형 성폭행 가해자들
피해 호소인이라 조롱하는 자

지옥 이북으로 끌려가는 가엾은 비둘기보고
야유 보내며 부추기는 자

아들딸 미국 일본 유학 보내고
반미 운동 반일 운동 머리띠 매고 설치는 자

전과 4범 파렴치 변호사란 놈
교주로 모시고 거리 누비며 짖어대는 자

현직 군수가 천 명에게 청첩장 보내
계좌 번호 축의금 강요하는 자

세금 낼 돈 없는 거지 나라
세금 없는 복지 국가 노래 부르는 자

온갖 인권 환경 보호 외치면서
북쪽 하늘 어둠을 보고 외면하는 자

구舊오적은 큰 도둑
신新오적은 좀도둑

대도大盜 소도小盜 다스리지 못한 죄
또 미도微盜가 태어날 터

# 카페 아메리카노

나는 그녀를 무척 사랑한다

그 어떤 것도 드러내지 않고

있는 그대로 온몸을 감싼

알싸한 그녀의 향과 맛

흰 머플러에 검은 원피스

뒤태가 더욱 단아하고 고귀하다

마시면 온 입속 희롱하면서

깊숙이 파고드는 은은한 쓴맛

살짝 그녀가 웃으면 더욱 환상적이다

단맛 쓴맛 아득히 번지는 몽롱한 꿈

그 어느 여인 있어 이보다 입맞춤 더 좋으리

# 학생 견공 신위

예방 접종하려 동물 병원에 갔다

처음이라 강아지는 난리 친다

온갖 아양 떨어 겨우 진정시켰다

접종하는 순간 수의사를 물었다

의사가 놀라 개 머리를 때렸다고

개보다 더 흥분한 개 엄마

동물 학대죄 고발당해 오십만 원 물었단다

제 아비는 삼일 만에 뒷산에 묻어버리고

개 삼오제 지낸다고 산소 가서 울더니

사십구재 지낸 날 대성통곡한다

학생 견공 신위學生犬公神位 위패까지 세우고

개 팔자가 상팔자라더니

부럽도다 부럽도다!

# 겨울 커피

네바다 사막을 지나 라스베이거스 더운 여름이라 숨이 막힌다

아이스 아메리카노를 주문했다

눈이 둥그렇게 되었다

내 말을 못 알아먹은 웨이터

커피에 얼음 조각을 넣어 달라고 하니

눈만 껌벅껌벅, 그런 커피 없단다

그냥 커피에 얼음 조각만 넣어 주면 되는데도 결단코 없다고 손사래 친다

하는 수 없이 차가운 파인애플 주스를 마셨다

한참 뒤에 알았다, 그런 커피는

미국에 없고 한국에서만 마시는 겨울 커피란다

며칠 전 미국 언론에 명동 거리에서 검은 얼음 잔을 들고 활보하는

아리따운 여인들의 모습을 보게 되었다

김치 라면 냉동김밥이 유행이라나

곧 이 커피도 훤칠한 미국 젊은 미인의 손에서 춤을 추겠지

# 꽃나무

폭설 내리는 북쪽 찬 바람
따스한 남쪽 봄바람

매화 한 잎 두 잎
가지 새로 웃고 벙그레

연초록 겹겹이 껴입은 꽃받침
어디쯤에서 떨구겠지

가을 단풍은 천하일품
노을에 물든 구름처럼 붉네

겨울 흰 눈 가지에 쌓일 때
나목은 훌훌 제 몸 벗으리

매서운 골바람 몰아쳐도
버티고 버티어 가는 것 인생이라네

더우면 벗고 추우면 입는
꽃나무의 자태 외롭지만 경이롭네

# 퇴원하며

꽃은 외로워 피고
단풍은 물들면서 성숙하고
노인네는 아프면서 철이 든다네

한 계절 많은 병치레 하지만
늙어서 괴로운 몸 정말 힘들구나

병이란 원래 소리 없이 찾아오지만
함께 동고동락한다고 생각하면
마음이 가볍다

모든 것을 내려놓아야지 하면서도
못 내려놓는 것이 우리 인생

사선死線을 넘었건만
퇴원하면서도

무엇인가 할 일이 남았다고

두리번 두리번거린다

해야 할 일, 또 찾는 헛된 희망
그래도 내 인생길 훤하길 빈다

해설

# 사실과 상상의 세계

해설

# 사실과 상상의 세계

김 동 원 시인·평론가

## 들어가는 말—Scientist

세계를 어떻게 볼 것인가는 중요하다. 그의 시는 인생을 자신의 현실에 반영하여 진실의 방식으로 구조화한다. 서정시의 오래된 표현 방법인 상상력을 통해 시작詩作에 근접한다. 체험과 의식을 통해 내면화하는 그의 행간은, 과학의 사변이기도 하다. 어떤 면에선 그의 시는, 효용론적 관점과 일치하기도 한다. 시의 표면과 이면 사이에서 '어떤 시적 효과'를 노린다. 응시와 관찰의 대상을 자아와 세계의 동일성에 놓는다. 이런 수사학은, 그의 삶의 궤적과는 전혀 낯선 곳의 이야기다. 그는 사물을 실험과 탐구를 통해 증명의 방법으로 논증한 과학자scientist이다. 평생 대학 강단에서 과학이 좋아 사실의 세계 속에 살아왔다. 미생물의 아름다운 변화를 관찰하면서, 미시 세계의 놀라운 경이로움을 탐색하였다. 진리를 추구한 생명과학자로서의 그는, 자코메티(스위스, 1901~1966)를 사랑하는 예술 애호가이기도 하다. 수많은 미술품과 유물을 소장하고 있으며, 작품에 대한 놀라운 미학적 감식안의 소유자이다. 운보 김기창 화백의 「바보 산수」(52×44cm), 정점식 화백의 「와상」(80×77cm), 한국미의 절경인 백자와 일본의 도예가로서 인간 국보인 금성차랑金城次郎의 다완을 애장하고 있다. 그의 시적 미학은 이런 예술미의 격조에 그 뿌리를 두고 있다. 우주는 '사실의 세계'와 인간의 '상상' 세계가 혼재한다. 만물은 원자로 이루어졌지만, 시의 나라에서는 언어가 왕이다. 우리는 생물과 무생물의 세계를 아주 적게 눈으로 보고 간다. 보는 세계가 무한량이라면, 보이지 않는 세계 역시 무한대이다. 어릴 때 그는 문학소년이었다. 그때는 시의 시간과 공간이 이렇게도 무궁무진한지 몰랐다고 한다. 시 역시 원자의 운동처럼, 꽃나무가 되었다가, 구름이 되었다가, 남자가 되었다가, 여자가 되었다가, 끝내 온갖 은유로 변신하는 귀재鬼才이다.

조금만 다른 각도로 쳐다보면, 미생물의 세상은 황홀하다. 무엇에도 구속되지 않는 이런 생명 현상은, 어쩌면, 자유로운 시적 세계와 상당히 유사한 지점도 있다. 과학이 이성의 색깔이라면, 시는 감정의 프리즘이다. '꽃'이 분석의 대상이 아니라, 감촉과 향기와 경이로운 이미지의 세계라는 것을 인식한 자가 시인이다. 사물의 말이 시의 세계에서는 영혼의 말로 바뀐다. 시인은 자신이 보고 싶은 대로 우주를 유희한다. 미완의 시가 아름답듯, 시인은 자신을 무너뜨려야 새로워진다. 과학자로서의 유대식의 1막 인생이 형이하形而下였다면, 시인으로서의 인생 2막은 형이상形而上의 경계에 들어섰다. 시인으로 살면서도 여전히 그는, 무의식의 판타지가 이상하게 보일지 모른다. 어떻게 언어를 디자인할 것인지, 시어를 통해 자연을 어떤 형태로 재구성할 것인지, 낯설 것이다. 때로는 아이러니와 패러독스, 풍자와 해학, 직유와 환유 등, 시법의 도구가 익숙치 않을 것이다. 시점에 따라 달라지는 현대시의 주체와 객체의 목소리는 생뚱맞을 수도 있다. 그럼에도 불구하고 유대식의 이번 시집 『미생물이 뾰로통 삐지네』는, 수많은 '의인화'와 '객관적 상관물'로 이루어져 있음을 발견한다. 전자는 미생물을 인격화하는 놀라운 형상화를 보인다. 현대에 와서 의인화는 사전적 혹은 문학적 의미에서 벗어나, 현상이나 특성에 인격을 부여하는 아주 중요한 시법이다. 객관적 상관물은 20세기 초 영국의 문예비평가이자 시인인 T. S. 엘리엇이 사용했던 말이다. 그것은 화자의 감정이나 생각을 주관적으로 바로 드러내지 않고 다른 대상이나 정황에 빗대어 표현할 때, 그 대상을 가리키는 말이다. 그는 미생물의 세계를 직설적으로 쓰지 않고, 각종 다양한 사물로 감정 이입하여 들려주고 있다.

### 술, 술, 술

술은 인류의 형성과 더불어 원시 시대부터 자연 발생적으로 생겨 음용하여 왔다. 술의 기원에 대해서는 여러 가지 설이 있지만, 수렵·채취 시대의 과실주가 최초의 술이었을 것으로 추정한다. 유목 시대에는 가축의 젖으로 젖술이 만들어졌으며, 농경 시대부터는 곡류를 원료로 한 곡주가 빚어지기 시작했다. 우리나라의 술 문화는 삼국 시대 이전인 마한 시대부터 문헌에 보인다. 한 해의 풍성한 수확과 복을 기원하며, 맑은 곡주를 빚어 조상께 먼저 바치고, 춤과 노래로 풍류를 즐겼다. 고구려를 세운 주몽朱蒙의 건국 신화에도 술에 대한 이야기가 나온다. "해모수가 하백의 세 딸을 초대하여 취하도록 술을 권해 마시게 하니, 모두 놀라 달아났으나 큰딸 유화가 해모수에게 잡혔고, 그 밤 인연을 맺어 주몽을 낳았다."고 기록돼 있다. 고려 시대는 중국 송나라와 원나라의 양조법이 도입되었다. 전래의 주류 양조법이 발전되어 누룩의 종류나 주류 제품이 다양해졌다. 조선 시대에는 제조 원료도 멥쌀에서 찹쌀로 바뀌고 발효 기술도 단사입에서 중양법으로 바뀌는 등, 양보다는 질 좋은 술들이 제조되었다. 특히 조선 후기에는 지방마다 특색의 맛과 멋을 지닌 술들이 발전하게 된다. 일제 강점기에 주세법이 공포되면서 전통 향토주는 그 자취를 감추게 된다. 한편, 신식 술이라는

획일적인 술들이 일제의 통제하에 제조되기 시작했다. 1945년 해방 이후에는, 부족한 식량 사정에 따라 쌀을 이용한 술 제조가 엄격히 금지되었다. 우리나라 고유주라 할 수 있는 민속주는 명맥이 일시 단절되기도 한다. 이에 대안으로 부상한 술이 현재 국민 알코올 소비량의 대다수를 차지하는 희석식 소주와 막걸리다.

유대식의 이번 시집 『미생물이 뾰로통 삐지네』 속에는, 거의 술 이야기가 주를 이룬다. 그는 평생 '우리 누룩의 정체성과 우수성'을 세계에 알린 막걸리 박사이다. 시 「섭섭」은 '누룩곰팡이'에 대한, 그의 놀라운 미시적 세계를 형상화하였다.

뽀송뽀송 노란 꽃 머리 이고
고두밥 손잡고 술 빚으려 가는
누룩곰팡이
이보다 더 아리따운 뒤태 있으리오

술 익는 향기 못 기다려
독 뚜껑 열고 코로 맡으며
인간들 불콰한 얼굴 환해지네

얼씨구 좋구나, 절씨구 좋구나
어깨춤 절로 절로 흥에 겨워

발아래 한세상
무엇이 부러우리

저들끼리 마시고 대취해
노랫소리 밤하늘 찔러대면서
고맙다, 말 한마디 없네

아서라, 누룩아
섭섭해도 어쩌리

사랑이 익고 인생이 익어
한세상 미쳐 돌아가는 건
오직, 그대의 공이라네

—「섭섭」 전문

막걸리는 막(대충 또는 금방) 걸러냈다고 해서 막걸리라는 이름이 붙었다. 쌀 등의 전분질 재료를 누룩으로 발효시킨 술덧을 여과하지 아니하고 술지게미와 함께 혼탁하게 제성한 술이 막걸리다. 은은하게 구수하고 달달한 맛에 살짝

톡 쏘는 청량감이 가미된 막걸리는, 도수가 낮아(4~6%) 한국인이라면 누구나 좋아한다. 최근 막걸리는 K문화의 흐름을 타고 외국인들에게 소개되어 호평을 받은 바 있다. 특히, 추적추적 비 오는 날 막걸리 한 사발을 연거퍼 쭈욱 들이키면, 까짓것 세상 부러울 게 없다. 계란말이, 모듬전, 순대, 두부김치로 안주발을 돋우고, 불콰하게 취하면 젓가락 장단에 트로트가 제멋이다. 시 「섭섭」은 '누룩곰팡이'가 인간에게 읊조리는 서운한 독백이다. "뽀송뽀송 노란 꽃 머리 이고 / 고두밥 손잡고 술빚"어 놓으니, 인간들은 "저들끼리 마시고 대취해" 흥청망청 좋기만 하다. 누룩곰팡이에게는 "고맙다, 말 한마디 없"으니, 그의 입장에서는 '섭섭'할 만도 하다. 그러나 어쩐다, 이미 고주망태가 된 인간들은 "얼씨구 좋구나, 절씨구 좋구나 / 어깨춤 절로 절로 흥에 겨워" 제멋대로 취해서 놀다 간다. 누룩곰팡이의 섭섭함을 시인이 모를 리가 없다. 하여, 유대식은 인간 세상에서 "사랑이 익고 인생이 익어 / 한 세상 미쳐 돌아가는 건" 모두 누룩의 덕德임을, 행간 속에서 애써 위로한다.

## 누룩

누룩이 처음 만들어진 것은 중국 춘추 전국 시대로 알려져 있다. 한국에서는 삼국 시대 이전으로 본다. 일본의 『고

사기古事記』에는 응신 천황應神天皇(재위 270~312) 때 백제에서 인번仁番 수수보리須須保利라는 사람이 와서 누룩을 써서 술을 빚어, 일본의 주신酒神이 되었다는 기록이 있다. 『삼국사기』와 『삼국유사』에 미온지주美醞旨酒, 요례醪醴 등의 말이 나오나, 재료나 제법에 관해서는 기록되어 있지 않아 알 수 없다. 한국어 '누룩'은 전통적으로 술을 발효시키는 데 쓰는 반죽을 가리킨다. 술을 만드는 데 사용되는 균류라 하여 '누룩곰팡이'라는 이름이 붙었다. 누룩곰팡이는 빛깔에 따라 황국균黃麴菌·흑국균黑麴菌·홍국균紅麴菌 등이 있는데, 막걸리나 약주에 쓰이는 것은 주로 황국균이다. 시 「그녀 어리광」은, 현미경으로 누룩곰팡이와 "반평생" 연애한 유대식의 놀라운 관찰을 형상화한 독창적인 시다.

눈에 보이지 않는다고
무시하지 마라

미생물과 반평생
티격태격 다투었네

알면 알수록 사랑스러워
그녀에게 헤어날 수가 없지

잠시만 자리 비워도
어디 가느냐고 뾰로통 삐지네

꽃처럼 피어나는 미소
예쁜 그녀 어리광에 손을 잡네

함께한 반백 년
그녀도 이제 허리 굽었네

그녀와 나 다정히 늙어 가는 모습
함박꽃처럼 환하네

—「그녀 어리광」 전문

시인은 '누룩곰팡이'를 '그녀'라고 부른다. 누룩곰팡이 역시, 연인들처럼 서로 사랑하고 애교를 부리고, "뾰로통 삐지"기도 한다. 그녀는 "얼굴에 흰 꽃 노란 꽃 분홍 꽃"(「그 아가씨」)을 "가지가지 곱게 피워" "고두밥에 살포시 내려앉아" 술 항아리 속에서 발효된다. 한 백일쯤 술독에서 푹 자고 나면, 어느 날 술 향내가 폴폴 나기 시작한다. 그런 그녀를 과학자 유대식은 '잠시도 자리를 비우지' 않고 비위를 맞춘다. 그러면 누룩곰팡이는 "예쁜" "어리광"을 부리며 교태를 부린다. 이 세상 그 어떤 시인이 누룩곰팡이로 시를 썼던

가. 팔순이 넘은 노시인과 “함박꽃처럼 환”한 누룩곰팡이 그녀와 “다정히 늙어 가는 모습”은, 자연의 아이러니다. 시 「그녀 어리광」은 놀라운 메타포이자 미시 세계가 시로 드러난 첫 사례로 기억된다.

### 시문詩文과 풍류風流

옛 시인의 시문 속에는 유독 거문고와 가야금, 춤과 술 이야기가 많이 나온다. 풍류는 멋진 삶의 한 놀이 문화이다. 최치원은 ‘현묘지도玄妙至道’라 하여, 유불선儒佛仙의 최고의 경지로 생각하였다. 더불어 즐기는 이런 풍류의 노래는 「자하동紫霞洞」(채홍철)이란 고려 가사에서 잘 드러난다. “인생에는 술항아리 앞보다 더 좋은 것이 없고, / 인생 백 년을 보내는 데 술만 한 것이 없고 / 술잔이 돌아가거든 남기지 마시라” 그렇다. 시도 술도 취해야 맛이니, 인생 만사 술잔이 돌아야 함께 어울릴 수 있는 법이다.

산허리 저 구름도 시詩요

새소리 솔향도 시네

깊고 깊은 산골 시냇가에

늙은이 물소리 좋아 시를 읊네

상상력의 붓을 들고

없는 재주로 첫 행을 쓰네

여든에 시작詩作을 시작始作하니

세상은 노욕이라 비웃을지라도

이리 한 줄 저리 한 줄

내 하고픔을 어찌 막으리오

저 들녘에 핀 제비꽃아

봄 아지랑이 창문 열고 나를 반겨주게나

—「시」 전문

"세상은" "여든에 시작詩作을 시작始作"한 그를, "노욕이라 비웃을지라도", 그의 시는 "봄 아지랑이"처럼 하늘하늘하다. 시인에게 "새소리"도 "솔향"도 모두 시이다. 선비는 예부터 관수觀水, 혹은 세심洗心이라 하여, 물을 사색의 벗으로 여겼다. 아무러면 어떤가. 노구老軀에 "상상력의 붓을 들고" 천하를 그린들, 무슨 흉이 될 것인가. 노을도 저물 때 곱듯이, 시도 "노욕"을 다 내려논 여든쯤에야 붉게 물드는 법이다. 꿈과 현실, 이승과 저승을 잇는 시상詩想은, 행간과 연 사이에 "한 줄"로 압축된다. 긴 시는 젊은이의 짝이요, 짧은 시는 노인의 놀이다. 늙으면 세계를 치열하게 받아들일 필요가 없다. 그저 비울 일이요, 내려놓고 먼 산을 지긋이 볼 일이다. 유대식의 「시」는, 천천히 걸어가는 시의 음보音步가 좋박하다. 촘촘하지 않고 헐렁한 자신만의 사색은, 그저 숲속을 흔드는 바람처럼 자연스럽다.

### 곡즉전曲則全

"꼬부라지면 온전하여지고曲則全, 구부러지면 펴진다枉則直."(도덕경 22장) 오랫동안 익혀 온 시어가 곰삭은 맛이 나듯, "꺾어지고 굽어"져야 인생도 철이 든다. 굽어진 것들은 모두 도道이다. 겸손하면 "안 보이던 제비꽃"이 보이고, 상대를 귀하게 존중한다. 노부부도 "쌍기역이 되"어야, 진정으로 "서로 손 잡고" 산책하며 다투지 않는다. 서로서로 의지하며 함께 늙는 것이 노년이다. 무심하게 쳐다보고 종일 곁에 있어도 허언虛言이 없다. 옛말에 굽은 나무가 선산을 지킨다는 말도 예사말이 아니다. 유대식의 「ㄱ자 인생」은 철학적 명구처럼 다가온다.

꺾어지고 굽어지니

안 보이던 제비꽃 보이고

할배 지팡이 굽은 할매 허리

걸어가는 쌍기역이 되고

ㄱ자 서로 손잡으니

늙은 입구자口字 닮아

손자 손녀 품어 주고

꺾어지고 굽어지니

뒷산 무덤에 걸린

하얀 낮달이 다 보이고

그렇게 ㄱ자 넷 모여

만卍자 이루니

저승 갈 때 서로서로

위로하며 건너라는

부처님 말씀이지

—「ㄱ자 인생」 전문

시 「ㄱ자 인생」은 등 굽은 노인의 허리를 'ㄱ자 인생'으로 비유한 말놀이 시다. 인간은 원래 '노는 인간' 또는 '놀이하는 인간'이다. 요한 하위징아Johan Huizinga(네덜란드, 1872~1945)는 『호모 루덴스Homo Ludens』에서 놀이는 문화의 한 요소가 아니라, 문화 그 자체가 놀이의 성격을 가지고 있다고 역설했다. 한시에서도 글자를 탑처럼 쌓은 '보탑시', '마름모꼴 시', 내리읽으나 치읽으나 의미가 통하는 형식의 '회문시迴文詩', 찻주전자에 써넣는 '다호시茶壺詩' 등 실로 다양하다. 아이들의 말 잇기 놀이도 그 한 예이다. 「ㄱ자 인생」은 늙은 몸 자

체를 한글 자음 'ㄱ'으로 보았다. 특히, 이 시에서 "ㄱ자 넷 모여 // 만卍자"를 이룬다는 착상은 기발하다. 고대인들은 만卍자를 태양의 빛 혹은 우주의 순환과 윤회를 형상화한 것으로 여겼다. 불교에서는 이승과 저승을 잇는 가교의 역할을 한다. 등 굽은 노인 하면 지팡이를 빼놓을 수 없다. 요즘도 해마다 100세를 맞는 어르신께, 무병장수를 뜻하는 청려장靑藜杖 지팡이를 대통령이 선물한다. 고려에서 조선 시대까지 70세 노인께 드리는 지팡이를 국장國杖, 80세 노인께 드리는 지팡이를 조장朝杖으로 호칭하였다. 어찌 보면 노구老軀는, 그 자체가 기호요, 지팡이인지도 모른다.

### 나가는 말—대교약졸大巧若拙 불계공졸不計工拙

태초의 인간이 포도 씨앗을 뿌리고 있었다. 그때 악마가 찾아와서 무얼 하느냐고 물었다. 인간이 대답했다. "나는 지금 놀라운 식물을 심고 있다네." 악마가 말했다. "전에는 이런 식물을 본 적이 없는데." 인간은 악마에게 이렇게 설명했다. "이 식물에는 탐스럽고 달고 맛있는 열매가 열리는데, 그 즙을 마시면 아주 기분이 좋아진다네." 악마가 말했다. "그렇다면 나도 꼭 한몫 끼워 주게." 인간이 승낙하자 악마는 양과 사자와 원숭이와 돼지를 끌고 와서 죽인 다음에 그 피를 거름으로 주었다. 이렇게 하여 포도주가 만들어졌다.

술은 처음 마시기 시작할 때에는 양처럼 온순하지만 조금 더 마시면 사자처럼 사나워진다. 그보다 더 마시면 원숭이처럼 춤추고 노래를 부르며, 거기서 더 많이 마시면 토하고 뒹굴고 하여 돼지처럼 추해지게 된다. 술은 악마가 인간에게 준 선물이다.(『탈무드』, 술의 기원. 영문에서는 양 → 사자 → 돼지 → 원숭이 순) 「보름달」은 '그녀'로 의인화된 술의 유혹에 넘어간 화자의 이야기다.

그녀가 권하길래 한잔 걸쳤습니다

가을 낙엽이 달빛에 흔들리길래

사랑의 세레나데 혼자 흥얼거립니다

고희가 엊그제 같은데, 그땐 몰랐습니다

허리 굽은 팔순 고갯길 넘어갑니다

몸에 좋다는 약술 막걸리 넘기며

권주가 한 곡 뽑아야 하지 않을까요

자꾸자꾸, 그녀가 권합니다

일어설 땐 언제나 갈 지之자

중년 땐 그녀 품에 안겨 구두를 베개 삼아

대문 앞에 잠들기도 했습니다

한평생 동고동락한 창가 웃는 그녀

언제 보아도 환한 수국이 피었습니다

첫사랑도 저렇게 밝았습니다

—「보름달」 전문

앞에서도 말했듯이, 이번 유더식의 시집 『미생물이 뾰로통 삐지네』는 독창적인 술 이야기로 가득 차 있다. 틈만 나면 그는 '보름달' 아래에서 '막걸리 찬가'를 부른다. "가을 낙엽이 달빛에 흔들"려도 한 잔, "사랑의 세레나데"를 부르면서, 또 한 잔 들이켠다. "몸에 좋다는 약술 막걸리"의 속임수에 넘어가, "팔순 고갯길"을 취해서 흥얼흥얼 넘어간다. "인생이 별거냐, 사랑이 별거냐 / 천하가 내 발아래 춤추는구나"(「막걸리 찬가」) 노래하며 넘어간다. "흰 구름 흘러가는 / 교산敎山 중턱에 / 매강원梅崗園 / 꽃밭 하나 일"궈 놓고(「부부」), "달빛 비치는 산길"을 부인과 나란히 건너간다. "한 그림자" 속에 또 한 "그림자"(「달빛 사랑」)를 포개어 인생의 돛배를 저어 간다. 그 옛날 고향 "상주시 외서면 봉강리" "논밭 과수원 길"을 지나 "노을 붉은 산등 너머 / 한없이 그리운 엄마 냄새(「고향 생각」)" 맡으러 팔순 고갯길을 올라간다.

물론, 유대식의 이번 시집 『미생물이 뾰로통 삐지네』 속에는 아직 다루지 않은 무수한 명편들이 즐비하다. 그의 시적 리듬은 모두 술의 비틀거림에서 나온다. 「불로 막걸리」, 「이화주」, 「덕산 막걸리」가 그렇다. 언어를 통해 술을 뛰어넘고, 술을 통해 인간 백 년을 넘어가는 이야기를 풀어놓았다. 그에게 시는 취향醉鄕이자, 시향詩香이다. 아름다운 정서를 시의 장으로 끌어들이는 것은, 그가 과학자이기 전 풍류객이기 때문이다. 시인은 어쩌면, 우주와 하나 되기를 강렬하게 시도하는 운명인지도 모른다. 그의 시는 자신만의 개성적 감각과 체험의 깊이에서 시어를 길어 올렸다. 아무도 생각하지 못한 '누룩곰팡이'를 시 속에 새롭게 태어나게 하였다. 오랜 응시와 관찰을 통해 그는 "세균이 환생"한다는 놀라운 비밀을 알아챈다. 여든의 노구를 이끌고 '빔의 미학'을 몸소 실천하였다. 운문 형식의 리듬을 아주 잘 이해하였다. 시는 소리의 연속이자 이미지의 교직이다. 아름다운 정서를 시의 장으로 끌어들이는 것은, 시인의 책무이다. 시를 쓰다 보면, 자신의 환경이 얼마나 영향을 미치는지를 알게 된다. 유대식의 시의 무대는, 과학자의 깊은 성찰과 통찰에 가닿는다. 저마다 살아온 삶의 궤적이 다르듯, 시의 얼굴 역시 천차만별이다. 시간과 추억은 기억의 먼지 아래 숨어있다. 이런 장면들을 떠올리면 시의 보물이 가득 묻혀 있다. 그는 행과 연 속에 어떤 느낌을 불어넣을 것인지를 곰곰이 사유한다. 좋은 시는 시적 착상과 발상을 중요하게 생각하듯, 그의 시는 췌사를 덜어내는 작업이다. 망구望九에 이른 유대식의 시는, '잘되고 못되고를 따지지 않는, 어수룩한 세계'인 대교약졸大巧若拙 불계공졸不計工拙로 건너가고 있다.

유대식 시집
미생물이 뾰로통 삐지네


**초판 1쇄 발행** 2025년 3월 5일

**지은이** 유대식
**펴낸이** 이은재

**펴낸곳** 도서출판 그루
**출판등록** 1983. 3. 26(제1-61호)
**주소** 42452 대구광역시 남구 큰골 3길 30
**전화** 053-253-7872
**팩스** 053-257-7884
**전자우편** guroo@guroo.co.kr

ISBN 978-89-8069-520-1